AF338884

RAPPORT

DE

M. ÉDOUARD TAILLEBOIS

(DE LIMOGES)

ENVOYÉ EN MISSION DE COURRIER D'ÉTAT

PAR LE

GOUVERNEMENT

DE LA

DÉFENSE NATIONALE

EN JANVIER 1871.

DE BORDEAUX A PARIS

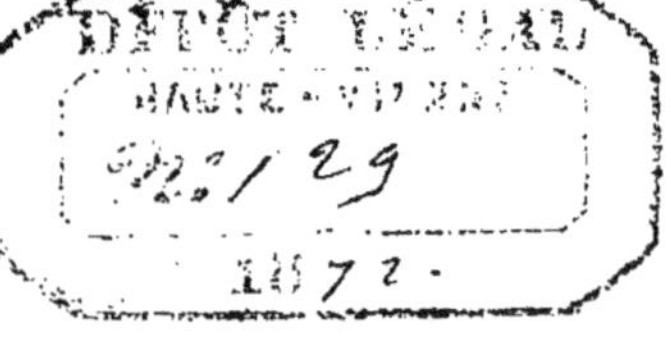

LIMOGES

Mme Vve H. DUCOURTIEUX, IMPRIMEUR-LIBRAIRE

5, RUE DES ARÈNES, 5

1872

A MONSIEUR STEENACKERS

DIRECTEUR GÉNÉRAL DES POSTES ET DES TÉLÉGRAPHES

Bordeaux, 27 janvier 1871.

MONSIEUR LE DIRECTEUR GÉNÉRAL,

Vous m'avez remis, le 7 courant, deux dépêches à destination de Paris, adressées à M. Mercadier, 103, rue de Grenelle-Saint-Germain, et destinées au Gouvernement de Paris.

J'ai quitté Bordeaux le soir même, à minuit. A Tours, le chemin de fer refusant les voyageurs civils, j'ai dû me révéler au préfet, qui m'a remis un ordre pour le chef de gare.

On entendait le canon du côté de Saint-Calais.

J'ai quitté Tours à onze heures et demie du soir, et je suis arrivé au Mans le 9, à neuf heures du matin.

La ville était pleine de troupes. Le chemin de fer ne transportait que sur réquisition du général en chef ou de son chef d'état-major. Je demandai le général Chanzy ; il était, m'a-t-on assuré, consigné par ordre du médecin ; depuis trois jours il gardait le lit, et son état avait été inquiétant. Je dus donc me contenter de voir son général d'état-major, M. Vuillemot, pour me faire reconnaître et me renseigner, suivant vos instructions. Il m'engagea à gagner Alençon, et me remit le laissez-passer nécessaire.

Des engagements d'avant-garde avaient lieu à quelque distance du Mans, à Connerré et à Bouloire, m'a-t-on dit. Les renseignements que je recueillis de côté et d'autre m'apprirent qu'on pensait avoir affaire à 80,000 Allemands. — Comme je l'appris à Dreux, le 12, on était loin du véritable nombre.

J'arrivai à Alençon à huit heures du soir.

Mon premier soin fut d'aller trouver M. Antonin Dubost, le préfet, pour lui demander aide et renseignements. Malgré l'exhibition de ma commission, M. Dubost me dit que je n'étais pas en règle et exigea ma photographie dont j'avais oublié de me munir. — Je réussis, non sans peine, à le persuader de la réalité de mon identité. — Il m'engagea de passer par Caen, le Hàvre, puis de suivre la rive droite de la Seine de façon à tenter l'entrée dans Paris du côté de Saint-Denis. — Cet itinéraire ne me convenait pas, il était trop long, je le rejetai.

M. Dubost m'avertit que Belleyme était menacé d'être repris, que l'ennemi marchait sur Mamers et Mortagne, et paraissait menacer également Alençon. — Enfin, je pris congé de lui, — il m'avait donné le conseil de me débarrasser de suite de tout ce que j'avais de compromettant.

En sortant, je m'assurai d'une voiture pour me conduire à Laigle, et, conformément à vos ordres formels, je brûlai malheureusement ma commission. Je détruisis également deux lettres confiées à mes soins par M. Crémieux, ministre de la justice, lettres en destination de Paris.

Ayant quitté Alençon le 10 janvier, à six heures et demie du matin, je n'arrivai à Sainte-Goburge qu'à dix heures du soir; mes chevaux exténués ne tenaient plus debout et tombaient continuellement; il y avait de la neige jusqu'aux essieux des roues. Il me fallut coucher dans ce village pour laisser reposer mes chevaux.

La route était fréquemment coupée par des travaux de défense destinés surtout à entraver la cavalerie. Les lisières boisées étaient généralement défendues par des palissades de branches et d'abatis renforcées de terre tassée.

J'arrivai à Laigle, hôtel de l'*Aigle-d'Or*, le 11 à midi.

Les environs étaient infestés par des patrouilles ennemies auxquelles les francs-tireurs tuaient ou prenaient du monde chaque jour. J'interrogeai quelques prisonniers que ceux-ci venaient de faire sur la garnison de Dreux, qui envoyait des patrouilles jusqu'à Verneuil.

Les francs-tireurs, de leur côté, ne laissaient rien passer d'étranger aux localités environnantes. — J'étais à peu près certain d'être arrêté d'un côté ou de l'autre en voyageant autrement que par un service public de Laigle à Versailles, organisé par Audiget, toléré par l'ennemi, et qui faisait secrètement le service de courrier pour la poste clandestine française. Ce voyage se fait en deux jours, et le départ a lieu tous les matins à neuf heures. On couche à Dreux.

A Laigle j'appris du maître d'hôtel, M. Pinteaux :

1° Que trois personnes se disant ballonniers, en retour sur Paris, avaient quitté son hôtel le matin même, se faisant fort d'être entrées dans Paris sous huit jours. L'une d'elles, le plus petit, s'était montré d'une grande intempérance et parlait beaucoup trop ;

2° Que le maire de Versailles, M. Rameau, était un bon et digne patriote, un homme de cœur. Il sortait de prison où Guillaume, un jour d'ivresse, l'avait fait enfermer. Il me dit que je pouvais entièrement me confier à lui ;

3° Que, quinze jours avant, on avait fait entrer un enfant dans Paris par bateau sur la Seine, qu'il tenait ce fait d'un conseiller municipal de Versailles. Il ne pouvait pas me donner le nom du batelier, mais un M. Raoul, de Versailles, bien connu du maire, pourrait me donner cette précieuse adresse.

Je pris bonne note de tout cela.

Je partis le lendemain, 12, par la voiture Audiget, et je couchai le même soir à Dreux, après avoir rencontré les premières vedettes bavaroises à Verneuil.

A Dreux, il y avait environ 600 Bavarois sur le qui-vive, chevaux prêts, malles des officiers faites, s'apprêtant à évacuer.

Le 13, à six heures du matin, je repartais pour Versailles.

J'avais appris, le long du chemin, que Frédéric-Charles était venu à Versailles en toute hâte et en avait ramené sur le Mans de 75 à 80,000 hommes, distraits de l'armée d'investissement de Paris. — Ces forces, avec de l'artillerie en proportion, devaient en ce moment faire leur jonction avec celles que Chanzy avait déjà sur les bras.

Le général Chanzy eut donc affaire à 150,000 hommes environ, au lieu de 80,000 sur lesquels on avait d'abord compté.

J'arrivai à Versailles le 13 au soir, et je descendis à l'auberge du *Cheval-Blanc*, rue Royale, craignant, en descendant à l'hôtel, d'être espionné par des officiers allemands dont ils étaient tous infestés et encombrés.

En route j'avais rencontré le brigadier-facteur de Versailles, envoyé par son directeur, M. Changeart, porter des instructions aux différents receveurs entre Versailles et Laigle. Je me donnai à lui comme un inspecteur des postes, et, à ce titre, je me fis conduire par lui près de son directeur aussitôt mon arrivée.

M. Changeart me reçut avec une extrême défiance; je sentis alors tout le prix de *ma commission* que j'avais brûlée à tort, à mon entrée dans les ligues ennemies, pour me conformer à vos ordres formels. A force de logique et à l'aide des demi-preuves que je pouvais donner, la glace se fondit. M. Changeart me promit son concours et m'apprit que des engagements avaient lieu toutes les nuits à Sèvres.

Je me décidai, en conséquence, à tenter le passage de ce côté. En me jetant dans la mêlée, si la chance me favorisait, je serais entré dans Paris avec les Français au moment de leur retraite.

Il fut convenu que, le lendemain, il me conduirait à M. Delaroche (gendre d'Horace Vernet), président de la Société de secours aux blessés, qui pourrait m'être utile. Enfin, M. Changeart m'apprit que, deux heures avant moi, une personne affectant de boiter, déguenillée, se disant envoyée par vous pour une mission semblable à la mienne et être votre secrétaire particulier, sortait de chez lui. Il l'avait adressée à M. Rameau.

Nous nous quittâmes, et de là j'allai chez le maire. M. Rameau me prit positivement pour un agent de Bismark, et un long entretien ne put dissiper sa méfiance. Lui aussi me parla de l'envoyé signalé par M. Changeart ; mais seulement le lendemain dans son cabinet de la mairie, et lorsque j'y vins accompagné de M. Changeart. Il comprit alors que je n'étais pas un espion allemand puisque le directeur, découvert par moi, n'était pas fusillé par les Prussiens à cette heure. Mais jamais, en l'absence de titres réguliers, M. Rameau ne put admettre que j'étais un envoyé du Gouvernement de la défense nationale.

Il sortait de prison et il était extrêmement circonspect, d'autant plus que Guillaume, dans un de ses nombreux accès d'ivrognerie, l'avait menacé plusieurs fois de le faire fusiller, et n'eût pas manqué de saisir ce prétexte de complicité avec un agent du Gouvernement pour le punir de sa noble et patriotique conduite depuis l'occupation de Versailles.

Voici le résumé de mon long entretien avec M. Rameau.

qui pourra vous servir à jalonner le terrain pour ceux que vous enverrez après moi :

Mon collègue de la veille n'avait pas de titres, il est vrai, mais il avait été présenté à M. Rameau par une personne dont la garantie, pour lui, valait une commission en règle. Ce courrier avait tenté d'entrer dans Paris par Saint-Germain, depuis nous n'en n'avons plus eu de nouvelles.

M. Rameau connaissait M. Raoul, qui est à la tête de la Société des fourneaux économiques chargée d'alimenter toute la population chassée de ses foyers par cette nuée de voleurs de grands chemins qui cerne Paris, il me présenta à lui, mais sous toutes réserves.

Après bien des dénégations, M. Raoul, pressé de questions, m'avoua enfin qu'il savait à Versailles l'existence d'un ouvrier serrurier, franc-maçon, faisant des voyages continuels entre Versailles et Paris. — Il ignorait, prétendait-il, son adresse et son nom. Seul, M. Hardy, tapissier rue Saint-Pierre, pourrait me renseigner et me conduire à lui. — Il avait sur ce garçon une grande influence. — Je priai M. Raoul de voir pour moi ce M. Hardy, qui s'empressa de m'éviter.

Mon manque de titres effrayait tout le monde.

Enfin le maire, qui commençait à m'accorder une demi-confiance, me prévint :

1º Qu'on ne pouvait séjourner à Versailles sans un permis délivré par la police prussienne, sous la caution de deux notables habitants de la ville. — Exécution, ou incarcération en Allemagne, pour les délinquants ;

Je résolus de passer outre.

2º Qu'il était impossible de franchir les grilles sans un permis spécial, pour chaque grille, du commandant de place prussien ;

3º Que passé cinq heures du soir on ne rentrait plus en ville ; et passé neuf heures, les Français ne devaient plus sortir ;

4° Qu'enfin, passé trois heures du soir, on fusillait celui qui était pris dans les petits sentiers des bois, et à toute heure dans les fourrés !

Le maire, sur ma demande, me fit délivrer immédiatement un permis d'un mois pour Sèvres.

Le colonel français, commandant de place pour la municipalité, qui, lié avec Fritz, rendait de grands services aux Français, ratifia le permis, le 14 au matin, sans me faire attendre mon tour d'inscription, ce qui m'eût ajourné au 17 ou au 18.

M. Changeart, de son côté, me conduisit chez M. Delaroche qui, par peur de se compromettre, ne voulut même pas me voir, et remit pour moi à M. Changeart deux adresses pour Sèvres qui me furent complétement inutiles. J'allais passer la soirée et la nuit sur les hauteurs de Sèvres, au milieu de ces maisons de campagne dévastées et ruinées, et des bois de Ville-d'Avray.

Le bombardement continue jour et nuit, et la fusillade d'avant-postes aussi. — Tout le bas de Sèvres est détruit en partie par les bombes françaises.

La ville est évacuée jusqu'à la mairie, qu'on a transférée à l'extrémité du pays ; la commune n'est plus qu'une vaste caserne prussienne.

Cette canaille allemande a brûlé jusqu'aux planchers, aux volets et aux portes des maisons, les meubles y ont passé depuis longtemps, le froid étant la seule chose dont ces gredins aient à souffrir.

Quatre grandes barricades coupent la Grande-Rue de Sèvres. De longs abatis d'arbres défendent le côté de Ville-d'Avray, et de nombreuses tranchées coupent le sol de tous côtés et en tous sens.

Si Paris tente l'assaut de ces positions, il perdra un monde considérable sans arriver au but, je le crains.

En outre, grâce aux milliers de fils télégraphiques posés par l'ennemi, rien ne sera plus facile pour lui que de grouper rapidement sur ce point difficile des masses énormes.

Le résultat, malheureusement négatif. de mon expédition, fut de passer la nuit du 14 au 15, la journée du 15 et la nuit du 15 au 16, tant à Sèvres que dans les bois de Ville-d'Avray. Impossible de passer par là. Le terrain est émaillé de sentinelles doubles à chaque pas. J'ai inutilement rôdé deux nuits et un jour. Je me suis fait arrêter une fois à Sèvres et deux fois à Ville-d'Avray, où l'on promit de me fusiller si on me retrouvait. Enfin, après avoir essuyé quatre coups de feu dans les bois, je rentrai, le 16 au matin, à Versailles dans un état de santé lamentable, n'ayant mangé qu'un morceau de pain emporté dans mes poches, quelques tablettes de chocolat et un peu de bouillon Liébig délayé avec de la neige. Il faisait de dix-huit à vingt et un degrés de froid, et je n'avais même pas de couverture.

Je recommande à l'attention du Gouvernement le renseignement suivant, bien utile si on peut le faire connaître au Mont-Valérien :

Tous les jours, vers deux heures, Guillaume et les princes allemands montent sur la terrasse d'une maison de campagne, située sur le point culminant des hauteurs de Sèvres, pour étudier avec des lorgnettes les progrès du bombardement de Paris et se récréer à cette vue. La maison qui leur sert d'observatoire est attenante à celle du maire de Sèvres ; en observant ce point du Mont-Valérien, on pourrait, un beau jour, faire une hécatombe de cette insolente canaille.

Je rentrai à Versailles et je suppliai de nouveau M. Rameau de m'aboucher avec le serrurier en question. Le maire prétendit que cet homme était en expédition. Mon échec du côté de Sèvres ne le surprit pas, et il m'engagea à tenter de nouveau du côté de Corbeil. Il me donna l'adresse d'un avoué de ses amis, M. Delaunay, avec un mot de passe pour lui : « *Joubert.* »

Enfin M. Rameau me fit procurer un second passeport prussien valable pour un mois, aller et retour, pour Corbeil. Je quittai Versailles, où j'eus la douleur d'apprendre notre défaite du Mans, que je pressentais du reste depuis mon passage à Dreux, le 12.

La route de Versailles à Corbeil n'est littéralement qu'une double file de voitures de toutes provenances, allant et venant, transportant tous les approvisionnements qui arrivent d'Allemagne par Lagny. Des chevaux morts jonchent les chemins. Ces misérables Allemands transportent des munitions, ou le produit de leurs rapines, dans des voitures revêtues de la croix de Genève. — C'est par centaines que j'ai constaté ces violations abominables de la parole jurée.

Cette armée ne vaut pas mieux que son roi, c'est un ramassis de soudards, de malandrins et de voleurs. Les milliers de charretiers occupés à conduire ces convois portent tous le brassard de Genève ; ces gredins volent tout ce qu'ils trouvent, surtout les chevaux, pour remplacer ceux qui tombent en route.

Les villages ruinés, dévastés, sans une vitre aux fenêtres, contiennent des nuées d'Allemands, Bavarois en général. De tous côtés, mais principalement entre Lougjumeau et Palaiseau, j'ai rencontré des parcs de caissons d'artillerie et de canons, tant Français que Prussiens. Une partie du matériel livré à Metz par ce misérable Bazaine est là. — De distance en distance on trouve, ancrés dans la boue, quelques-uns de ces gros canons de siège se chargeant par la culasse, dont les Allemands ont environné Paris. — La pièce mobile de la culasse est enlevée par eux quand ils sont forcés d'abandonner les canons. J'en ai compté une quarantaine environ.

Des réserves d'artillerie, par quatre et cinq batteries, jalonnent cette ligne, à six ou sept kilomètres environ les unes des autres.

Des escouades de soldats et d'officiers du télégraphe se rencontrent continuellement. Ils visitent ou réparent ces innombrables fils dont Paris est complétement entouré et ne cessent d'en créer chaque jour de nouveaux. — Peine de mort pour celui qui touche aux poteaux ou aux fils ; je m'offris néanmoins la satisfaction d'en couper quelques-uns. Je rencontrai, chemin faisant, une colonne de huit cents prisonniers français venant du Mans ; on les dirigeait sur Corbeil, Lagny, puis l'Allemagne. — Ils étaient bousculés par les uhlans qui les escortaient ; cette vue fendait le cœur, et j'eus à essuyer les mauvais traitements de ces misérables pour quelques signes de compassions que je ne pus retenir et quelques secours que je distribuai. Nos pauvres soldats furent parqués dans l'église de Corbeil, d'où plusieurs s'échappèrent le lendemain.

J'arrivai le soir, à neuf heures, dans Corbeil, après des misères et des dangers sans nombre, en dépit de mon laissez-passer. Corbeil n'est plus qu'une grande caserne allemande, où on ne peut ni se loger ni manger.

A mon arrivée, je courus voir M. Delaunay, qui me conduisit, à ma grande stupéfaction, chez le maire, M. Darblay, que plusieurs journaux nous ont représenté comme un traître de la pire espèce, pactisant avec l'ennemi. Je me suis cru perdu, livré, et je m'apprêtais à vendre chèrement ma vie. Le maire, de son côté, n'avait pas meilleure opinion de moi. Il m'exprima les défiances que faisait naître en lui mon manque de titres, et m'avoua que, dans ces conditions, il ne voulait rien faire, ne tenant pas à risquer d'être pendu inutilement.

M. Darblay était extrêmement surpris que le Gouvernement n'eût pas encore songé à s'adresser à lui pour lui demander son concours, afin de faire réussir des missions semblables à la mienne. J'étais le premier agent du Gouvernement qui se présentait chez lui, et il pouvait rendre des services. Je lui appris alors la réputation légendaire de trahison dont il jouissait. Je lui rappelai certaine affaire de francs-tireurs, qui l'accusait gravement ; et, enfin, je lui fis part des articles nombreux dont la presse avait retenti contre lui. M. Darblay me donna alors des explications diamétralement contraires ; il m'assura de son patriotisme et de son dévouement à notre pauvre patrie.

« Revenez, me dit-il, vous ou d'autres, avec des titres sérieux, et je ne regarderai pas à jouer ma tête pour vous faire réussir, si je le peux. »

Pour vider l'incident Darblay, je dois dire que j'ai questionné plusieurs personnes honorables de Corbeil, parmi lesquelles se trouvent quelques-uns des nombreux ennemis que M. Darblay s'est attiré par ses façons d'agir comme maire ou comme propriétaire, leurs versions corroboraient la sienne.

Je crois que M. Darblay peut et veut être utile au Gouvernement pour tout ce qui pourra aider à la défense nationale, et en particulier pour faire pénétrer des courriers dans Paris.

Le canon tonnait très fort à Corbeil, dans la nuit du 16 au 17 ; les Allemands déliraient de joie, et s'étaient amusés à brûler l'ambulance française de Corbeil. J'ai assisté au sauvetage des blessés qu'on put transporter à temps. Je rentrai, le 17, à Versailles, fort malade : quinte de toux, vomissements sanguinolents, fièvre épouvantable ; je fus obligé de garder le lit.

Ce triste jour fut celui du couronnement de Guillaume l'Ivrogne, comme empereur d'Allemagne, dans le château de Versailles. Les roitelets tudesques et autres valetailles princières allemandes y assistaient.

Le 18, il me fut impossible de gagner les bois ; ma toux, devenue incessante, en dépit des potions calmantes, ne me permettait pas d'échapper aux sentinelles. Je me contentai d'aller aux informations. Les officiers allemands disaient hautement :

QUE LE GÉNÉRAL TROCHU VENAIT D'ARRIVER SECRÈTEMENT A VERSAILLES POUR TRAITER D'UN ARMISTICE, ET NÉGOCIER LA REDDITION DE PARIS.

Inutile d'ajouter que je n'en crois rien. M. Rameau, que j'ai interrogé, m'a dit qu'il ignorait la présence de Trochu à Versailles.

Le 19, de grand matin, le canon tonnait très fort, et un grand mouvement de troupes avait lieu. Je vis passer à grande vitesse une nombreuse artillerie ; toutes les réserves d'artillerie de la place du Château, qui n'avaient pas encore bougé, partaient sur Paris. Des masses compactes d'infanterie de ligne et de landwer étaient dirigées dans la même direction au pas accéléré.

A dix heures et demi, je réussis à sortir de la ville, du côté de l'usine à gaz, par la porte de la rue du Plessis. Je m'enfonçai dans les bois entre Beauregard et Vaucresson. A trois kilomètres environ de Versailles, les mitrailleuses s'entendaient distinctement ; les bombes et les boulets passaient de tous côtés. Les sentinelles, placées à chaque détour des sentiers, tiraient continuellement sur moi, ce qui m'obligait à m'enfoncer dans les taillis.

J'arrivai à une sorte de réservoir, où je me cachai ; la route était sillonnée de gendarmerie et d'officiers d'ordonnances ;

parfois, une batterie d'artillerie me passait devant le nez, allant sur Vaucresson ou Beauregard. Le chemin m'était ainsi coupé. A un moment venu, je crus pouvoir m'élancer de ma cachette pour gagner la futaie en face. — Un gendarme me tira un coup de pistolet et me manqua ; mais, renversé par son cheval, il me fallut courir devant lui jusqu'à un plateau dominant une crevée de terrain qui mène à Vaucresson.

Il y avait là environ quarante canons attelés, en réserve, et peut être 3 à 4,000 hommes, dont 5 à 600 cavaliers.

Un officier à cheval accourut me menacer de me faire fusiller, il me traita d'espion et de franc-tireur, — la marotte de ces animaux est d'en voir partout, ils croient qu'il y en a un millier de cachés dans Versailles. — J'inventai une fable attendrissante que la circonstance, très critique, m'inspira ; car mes exécuteurs me rudoyaient déjà pour m'emmener quelques pas plus loin. Je lui fis voir mes permis, ce qui me sauva. Il donna ordre de me relâcher, mais me prévint qu'il ne répondait pas de ma vie, et que toute sentinelle avait droit de me tuer.

Je revins par la grande route, sans cesser d'être mis en joue par les sentinelles, vers lesquelles je courais, mes passeports déployés, en criant : « *Commandatur de Versailles.* »

Le feu des Français se rapprochait toujours, il semblait qu'on y touchait.

Au coude d'un sentier, les sentinelles s'étant repliées, personne ne me voyait, je me jetai dans les taillis et courus dans la direction de Beauregard cette fois. Là, de nouvelles troupes, appuyées d'artillerie en réserve, coupaient le chemin.

Je rétrogradai de nouveau, échappant à de fréquents coups de fusil. Les bombes éclataient aux alentours.

Je regagnai le plateau de la ferme du Jarry ou du Jardy,

où je trouvai encore 50 à 60 pièces de canon en réserve, avec de la cavalerie.

Je serais peut-être passé si, tout à coup, près de moi, quatre Français ne s'étaient trouvés là, comme sortis de dessous terre. Une escouade de cavalerie se détachant aussitôt, nous chargea à coups de sabre et de revolver. Deux d'entre eux tombèrent blessés sur place. J'eus encore la chance de me sauver; mais j'étais anéanti, je n'en pouvais plus, et j'avais un fort crachement de sang.

Il était environ cinq heures du soir : des détachements de la landwer, arrivant de Corbeil, et la ligne faisant tête partout, il n'y avait plus moyen de passer. Je rentrai, non sans peine, dans Versailles tout palpitant d'espoir. La population s'attendait, d'une minute à l'autre, à voir flotter le drapeau tricolore ; ces gredins d'Allemands, dont une poignée était restée dans la ville, se vengeaient de ces espérances patriotiques en sabrant la population inoffensive jusque sur le seuil des portes.

J'ai rencontré Fritz qui, en voiture découverte, avec une escorte, montait l'allée qui mène au plateau de la ferme du Jarry. A un mot qui lui fut jeté par une estafette, qui arrivait à sa rencontre, il rebroussa chemin, et rentra en ville au triple galop.

Tout était en l'air à la préfecture, habitée par le nouvel empereur.

Le 20, impossible de sortir de Versailles, malgré mes permis. On m'arrêta à toutes les grilles où je me présentais, avec menace de me mettre en prison.

Le défilé continuel des blessés avait commencé à dix heures du matin, le 19, il dura la nuit et le 20 jusqu'au soir. C'était, en grande partie des Allemands.

J'ai vu trois beaux régiments partir le matin dont il est rentré peu de chose le soir.

Le 19 on a amené à Versailles environ 80 prisonniers français et 200 le 20.

Les Allemands ont eu l'infamie de leur faire faire le tour de la ville, musique en tête. — Ils s'arrêtaient sur les places, poussaient des hourras sauvages, et battaient les habitants que ces indignités révoltaient.

Le Gouvernement m'avait, Monsieur le Directeur, fixé le 20 janvier comme dernière limite, pour entrer dans Paris ; après quoi mes dépêches n'avaient plus d'utilité, et je devais retourner en toute hâte à Bordeaux.

Je songeai donc au retour, j'allai prendre congé de M. Rameau, le remercier de son faible concours, et lui exprimer mes regrets qu'il n'eût pas fait plus. Il me répéta ce qu'il m'avait dit tant de fois.

« Revenez avec une commission en règle, et il en sera autrement ; mais ni moi, ni M. Darblay, ni M. Hardy, n'avons voulu jouer, outre nos têtes, celles de tiers, et surtout compromettre les très rares moyens de communication qui restent encore avec Paris, pour un inconnu sans titres. »

M. Changeart, le directeur, m'a chargé de vous remettre la lettre ci-jointe, et de vous exposer le dénuement de ses facteurs, qui n'ont rien reçu depuis le 4 septembre.

Leur dévouement, au milieu des dangereuses persécutions de l'ennemi, est admirable et les rend dignes d'intérêt. M. Changeart m'a chargé de vous demander pour eux 20,000 francs.

Dix facteurs sur douze, de Saint-Germain, et le commis principal de cette ville, venaient d'être découverts par les Prussiens, et amenés prisonniers à Versailles comme j'en partais, le 21 au soir. Le 22, je couchais à Laigle, hôtel de l'*Aigle-d'Or*, à côté de Brunswick et de je ne sais plus quel autre général ennemi. La veille, le duc de Mecklembourg passait à Gacé, se dirigeant sur Bernay et Lisieux. 18,000 hommes venaient de traverser Laigle, 20,000 y étaient annoncés pour le lendemain ; en outre, le long du chemin, j'appris qu'environ 30 à 35,000 hommes de diffé·rentes armes, beaucoup d'artillerie et 1,500 caissons ou voitures de tous genres, marchaient dans la même direction.

Cet effectif monte donc à un chiffre probable de 75 à 80,000 hommes, DONT L'OBJECTIF SEMBLE ÊTRE L'ÉCRASEMENT DU HAVRE OU LE RENFORCEMENT DE MANTEUFELL, POUR TOMBER SUR LE GÉNÉRAL FAIDHERBE.

Le 23 je partai pour Argentan, où j'arrivai le soir.

Nonancourt, Sainte-Goburge, le Mellerault étaient, comme Laigle, occupés par l'ennemi.

A quatre kilomètres d'Argentan, je rencontrai enfin les premières grand'gardes françaises.

Je me fis reconnaître du général Girard (qui commande 45,000 hommes à Argentan ou aux environs), et du sous-préfet, en leur montrant une de mes dépêches.

Je donnai au général les renseignements que je viens d'indiquer et auxquels il parut faire peu d'attention, soit qu'il les connût déjà, soit par dédain pour les appréciations d'un homme qui n'est pas du métier.

Le général me fit refaire des papiers sur lesquels on oublia, malheureusement, de mettre le timbre de la sous-préfecture.

Je partis la nuit même pour Flers, puis Avranches, où j'arrivai le 24 au soir. Le sous-préfet et le lieutenant de gendarmerie, doués d'une grande perspicacité, m'écrouèrent COMME ESPION PRUSSIEN DE LA PIRE ESPÈCE.

Il me fallut attendre, en prison, des ordres de Saint-Lô. Là, j'ai complétement perdu la voix.

Relâché le lendemain, je gagnai Dol, puis Nantes, et

enfin je suis rentré à Bordeaux le 27 courant, à neuf heures.

Tel est, Monsieur le Directeur général, le résumé de ma mission, que vous m'avez demandé ce matin pour le Gouvernement.

Veuillez être mon interprète près de ces Messieurs, et les assurer de mon dévouement et de mon patriotisme.

Je suis prêt, après quelques jours de repos, à repartir de nouveau, certain cette fois de réussir, et je me tiens à la disposition du Gouvernement de la défense nationale.

Agréez pour vous-même, Monsieur, mes salutations respectueuses.

E. TAILLEBOIS.

Nota. — *Ce rapport fut remis le 27 janvier 1871, à neuf heures du soir. La capitulation de Paris, encore inconnue à Bordeaux, n'y fut affichée que le lendemain, 28, elle produisit l'effet d'un coup de foudre.*

Limoges, imp. Vᵉ H. Ducourtieux, rue des Arènes, 5.

www.ingramcontent.com/pod-product-compliance
Lightning Source LLC
Chambersburg PA
CBHW061205050726
47594CB00008B/3568